छोटी बूँदें

रांझना

BookLeaf Publishing
India | USA | UK

Made with ❤ on the BookLeaf Publishing Platform
www.bookleafpub.in
www.bookleafpub.com

Dedication

समर्पण

उन सभी प्रिय पाठकों के लिए, जिन्होंने फेसबुक और इंस्टाग्राम पर इन्हें पढ़ा, सराहा और मुझे लिखते रहने की प्रेरणा देते रहे, और जो आज भी अपनी ज़िंदगी की खुली किताब को पढ़ना चाहते हैं।

Preface

भूमिका

छोटी बूंदे का यह संकलन मेरे मन में उमड़ते-घुमड़ते विचारों को आपके सम्मुख रखने का प्रथम प्रयास है। यह अंतर्मन की आवाज़ कभी प्रखर, कभी घुटी, कभी रुआँसी है—कहूँ तो अतिशयोक्ति नहीं होगी। रोज़मर्रा की ज़िंदगी से जुड़ी सच्चाई का आईना बन, कविताओं को अपने टूटे-फूटे शब्दों में बाँधा गया है।

इन पंक्तियों में असीम के प्रति विश्वास के साथ प्रेम, व्यथा, संवेदनाएँ और समाज की उथल-पुथल है; कहीं-कहीं छटपटाहट भी है। न तो ये क्रमबद्ध हैं, न ही इनका कोई अंत है।

जब विचार अविरल हों, तो यह सिलसिला भी चलता रहेगा। कहीं दिलों को कोई पंक्ति छू ले, तो उद्देश्य सफल हो जाएगा।

एक प्राकृतिक तेल-गैस कंपनी में वैज्ञानिक के पद पर कार्यरत रहने के बाद, सेवानिवृत्त होकर मन और उँगलियों के मिलन का यह सफ़र चल रहा है और ऊपर वाले की कृपा व आप सबके स्नेह से चलता रहेगा।

Acknowledgements

आभार

'छोटी-सी बूंदे' कविताओं का यह संकलन आपके समक्ष आने के पीछे उस महान शक्ति का परम शुक्रिया, जिसने मुझमें चार पंक्तियाँ लिखने की प्यास जगाई।

मैं अपनी पहली गुरु ललिता बहनजी की बहुत आभारी हूँ, जिन्होंने मुझे छोटी अवस्था से उँगली पकड़कर लकड़ी की पट्टी पर विचारों को लिखना सिखाया।

मैं अपने पूज्यनीय माता-पिता और दोनों भाइयों की आभारी हूँ, जिन्होंने ठोकरें खाते हुए मुझे चलने दिया, सही रास्ते पर साथ चलते गए, और जो आज भी मेरे साथ हैं।

मेरा परिवार, मेरे पति और मेरी प्यारी लाड़लियाँ, जिन्होंने प्यार, धैर्य और विश्वास के साथ मुझे लिखने का समय दिया, मेरी त्रुटियों को बतलाते रहे और निरंतर प्रोत्साहित करते जा रहे हैं।

समाज के वे करोड़ों लोग, जो प्रत्यक्ष और अप्रत्यक्ष रूप से मेरे जीवन से जुड़े रहे, जिनसे प्राप्त अनुभवों को मैं शब्दों में उकेरती गई और जिनके कारण उन्हें सबके समक्ष रखने की हिम्मत जुटा पाई।

आप सभी मेरे जीवन का अमिट हिस्सा हैं और सदा जीवित रहेंगे।

1. उसके करीब

जो पास थे मुखौटा पहने
वो धीरे धीरे दूर होते गए,
एक विराट के ख़ुद-ब-ख़ुद
हम क़रीब होते चले गये।

यहाँ बढ़ते फ़ासले लाज़मी
हौले हौले मंज़ूर करते गये,
उसके फ़ैसले में भलाई
क़बूल करते चले गये।

2. सब मुसाफ़िर

सब मुसाफ़िर हैं ना
आज यहाँ, कल जाने कहाँ,
अलग अलग सबके निशाँ
अंत में मिलना सबको वहाँ।

3. वक्त की बादशाहत

यह वक़्त की बादशाहत तो देखिए
लौट कर चेहरा नहीं दिखाता है,
बार बार आवाज़ दो, पुकार लो
ख़्वाबों में आ कर रुला जाता है।

4. फ़क्र हो ख़ुद पर

फ़ख़्र हो ख़ुद पर, ख़ुद को
कमज़ोर नहीं होने देना,
हिम्मत व विवेक रहे सलामत
इंसान फाड़ ले समुद्र का सीना।

5. यूँ तो

यूँ तो हर बात पे
बात बन सकती है,
पर ख़ामोश रहकर भी
राह गुज़र सकती है।

6. एक और अफ़साना

तुम्हारी झुकी झुकी निगाहें
बहुत कुछ कहना चाहें,
देखो, छुप जाओ कहीं
एक और अफ़साना ना बन जाये।

7. दूर ना जाना

देखो,
फिर दूर ना जाना हमस
यह नज़दीकियाँ हमें
अब रास आ गयी है

8. तुम्हारी बाबत

हम तो थे नाकारा गुमनाम
तुमसे मुहब्बत की पायी हमने दौलत,
इसके आगे क्या कोई शोहरत
बेशुमार ना उसकी इनायत।

9. उसकी छाँव में

तेज़ रफ़्तार से दौड़े जा रही,
हम उसे पकड़ना चाह रहे।

छिटक कर हर पल,
नये नये नज़ारे दिखा रही।

ना ठहरती ना थकती,
सबसे आगे है चलती।

हाथ ना किसी के आती,
एहसास ज़रूर करवाती।

घोड़े पे सवार, यह ज़िंदगी,
वक्त से आगे है चलती।

चाबुक भी उसका,
उसकी ही काठी।

काश ! कस के पकड़ पाते,
उसकी छाँव में और आँख मूँद पाते।

10. अपना ख़्याल

जा रहे हो ना
अपना ख़्याल रखना,
भुला देना अब तो
अगला पिछला हिसाब रखना।

11. सबसे ज़हीन तुम नहीं

किस बात पे नाराज़ हो
किस गुमान का है भ्रम,
सबसे ज़हीन तुम नहीं
छोड़ो ना, मैं का अहं।

कोई क्यों क़रीब आएगा
अहंकार बढ़ता जा रहा,
जो साथ था खड़ा कभी
क्या ग़लत, नज़रें फेर रहा।

12. तुम्हारी मौजूदगी

तुम साथ नहीं हो
मन नहीं मानता,
तुम यहीं हो, अलबत्ता
गुमान में गुम है रहता।

कैसे उसे समझाएँ
जो अपने बस में नहीं,
हर शय में समाई ना
तुम्हारी मौजूदगी।

वो दरख़्तों और पत्थरों पर
खुरच-खुरच, खोदे नाम,
किताबों से बोलतीं पंखुड़ियाँ
और सूखे ख़ुशबू बिखेरें गुलाब।

बेवफ़ा आईना भी
तुम्हारा अक्स दिखाता है,
नन्हा सा दिल, आज भी
दिमाग़ से फिर जीत जाता है।

13. ख़ुद ही फ़ैसला

सोचो, अपने आप को
कठघरे में कब खड़ा किया,
निशाना भी साधते रहे
फ़ैसला भी खुद ही किया।

14. उन्हें नींद कैसे

कैसे सो पाते हैं वे,
जो दिन-रात आग लगाते हैं।

हलक से निवाला कैसे गटकता होगा,
गला रात को ज़रूर सूखता होगा।

कैसे कैसे सपने आते होंगें,
रात भर डर से चिल्लाते भी होंगें।

कभी सहम कर उठते भी होंगें,
करवटें कितनी बदलते वे होंगें।

क्यों नहीं होता एहसास,
अपने घर भी हैं जलते, जब लपटें हों इतनी आस-पास।

15. कुछ और मुट्ठी में

अगर नसीब में अपने होगा
हासिल सब हो जाएगा,
अगर कुछ छूटा भी तो क्या
कुछ और मुट्ठी में समायेगा।

एक दिन गुज़रता है
कल आज बन जाता है,
अपने सोते-सोते भी तो
सूरज निकल आता है।

16. तुमसे अच्छा हमसफ़र

कहीं सहर से पीठ दिखा
धूप ढलते, मायूस हो जाती है,
रूठ कर, बिन गले मिले
ऐ ज़िंदगी, तू आँखें फेर जाती है।

माना, रस्तों पे अकेले सारे
राही पुकारें, अक्सर हो परेशान,
पर तुझसे अच्छा हमसफ़र
मँझधार में कोई पाएगा कहाँ।

17. कायनात का साथ

बुनियाद में सींचीं जाये
ईंट, सच व ईमान की,
गगनचुंबी इमारतें हो सकती
सर उठा कर शान की।

दुनिया की हर नियामत
खुद ब-खुद मिल जायेगी,
ज़र्रा ज़र्रा कदम चूमे
कायनात भी हाथ मिलाएगी।

18. अब बूढ़ी होने लगी

अब बूढ़ी होने लगी है
प्यारे बच्चो, यह माँ तुम्हारी,
जानती, उससे मुलाक़ात नज़दीक
आ सकती है कभी भी बारी।

जवानी सदा साथ रहेगी
अब नहीं यह ग़लतफ़हमी,
मंज़ूर उसे करना आ गया
बालों में सफ़ेदी रहने देती।

पहले पढ़ाई के लिए थी तुम्हें जगाती
अब रातों को तेल, टाँगों में लगाती,
हड्डियाँ भी चरमरातीं कराहतीं
मौजूदगी का एहसास वो करवातीं।

एक कंधा टूटा जो था बरसों पहले
कभी कभी वो भी कुछ कहता जाता,
समय का पहिया देखते देखते
कभी घर्षण कभी निशब्द चलता जाता।

अमावस या पूनम की चाँदनी
पिछली ज़िंदगी घूम है जाती,
शनिवार रविवार के इंतज़ार में
कैसे नौकरी करती थी जाती।

अब वीकेंड यानि शायद आयें
तुम्हारे फ़ोन और वीडियो कॉल्स,
अलग टाइम जोन में तुम सारे
नहीं बाँटे वो दिल का हाल।

समय ही समय है अब अपना
करती जो भी मन जब है करता,
कमरे तुम्हारे साफ़ करते वक्त
दिल अब हूक कम है करता।

हिसाब-किताब में रही सदा वो आगे
जाने, घटती उम्र अब बढ़ नहीं सकती,
दुआयें अधिक, आशाएँ कम, उम्मीदें न्यूनतम
सांसारिक परिधि उसे खींच ना पाती।

19. यह दुनिया अगर बदल जाये ..

यह भूखे-प्यासे रोते-बिलखते
हाड़ मांस के पुतलों की दुनिया,
माँ बाप को ठोकर लगाने वाली
पापी औलादों की दुनिया।

धर्म के ठेकेदारों की
आँखों पर पट्टी वाली यह दुनिया,
यह दूसरों पर कीचड़ उछालने वाले
मतलबी बेशर्मों की दुनिया।

यह मिसाइल और द्रोण बनाने
और गिराने वाले हत्यारों की दुनिया,
इंसानों को काट कर
खाने वाले दरिंदों की दुनिया।

ज़मीन के टुकड़े हथियाने वाले
लालचियों की दुनिया,
झूठ और फ़रेब के
सफ़ेदपोशों की दुनिया।

ऊपर वाले के नाम पर
बाबाओं, ओझाओं की धोखे की दुनिया,
बच्चियों से कुकर्म करने वाले
नापाकों की दुनिया।

यह अट्टालिकाओं के सामने
टूटी फूटी झुग्गियों की दुनिया,
जिस्म-फ़रोशी में कलपती
उसकी संतानों की दुनिया।

खुद को खुदा समझने वाले
वहशी दानवों की दुनिया,
दूसरों का घर जला कर
बोटियाँ खाने वालों की दुनिया।

यह दुनिया अगर बदल जाये...

20. दे दिया तेरा पता

किस किस को बताएँ
बेवफ़ाई का सबब हम,
दे दिया है तेरा पता
जैसा चाहे, अब तू ही बता।

21. एक पन्ना

एक पन्ना उड़ गया
किताब पड़ी अधखुली,
किसी की जीवनी सिमट रही
किसी ने अपनी जी ली।

www.ingramcontent.com/pod-product-compliance
Lightning Source LLC
Chambersburg PA
CBHW070655240926
51846CB00003BA/921